Día de la Raza

Meredith Dash

ABDO
DÍAS FESTIVOS
Kids

www.abdopublishing.com

Published by Abdo Kids, a division of ABDO, PO Box 398166, Minneapolis, Minnesota 55439.

Copyright © 2015 by Abdo Consulting Group, Inc. International copyrights reserved in all countries. No part of this book may be reproduced in any form without written permission from the publisher.

Printed in the United States of America, North Mankato, Minnesota.

072014

092014

 THIS BOOK CONTAINS RECYCLED MATERIALS

Spanish Translators: Maria Reyes-Wrede, Maria Puchol

Photo Credits: Getty Images, iStock, Shutterstock, Thinkstock, © a katz p.21 / Shutterstock.com

Production Contributors: Teddy Borth, Jennie Forsberg, Grace Hansen

Design Contributors: Candice Keimig, Laura Rask, Dorothy Toth

Library of Congress Control Number: 2014938889

Cataloging-in-Publication Data

Dash, Meredith.

[Columbus Day. Spanish]

Día de la raza / Meredith Dash.

   p. cm. -- (Días festivos)

ISBN 978-1-62970-337-4 (lib. bdg.)

Includes bibliographical references and index.

1. Columbus Day--Juvenile literature. 2. Columbus, Christopher--Juvenile literature. 3. America--Discovery and exploration--Spanish--Juvenile literature.   4. Spanish language materials—Juvenile literature.   I. Title.

394.264--dc23

              2014938889

Contenido

Día de la Raza

En el Día de la Raza se honra a Cristóbal Colón.

5

Historia

Cristobal Colón nació en
Italia. Era un **explorador**.

7

Isabel la Católica era la reina de España. Le encargó una misión a Cristóbal Colón. Encontrar una nueva **ruta** para llegar a China y la India.

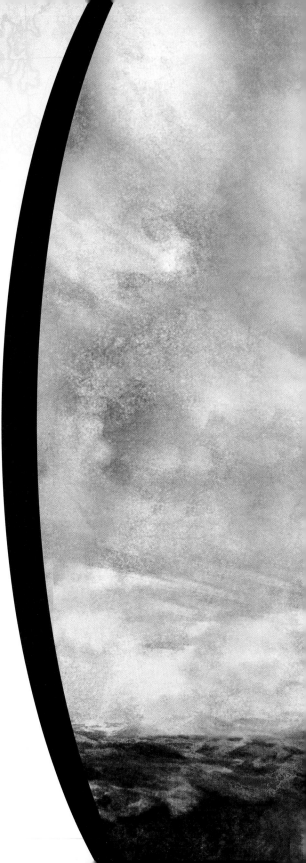

Cristóbal Colón salió de España el 3 de agosto de 1492. Tenía tres carabelas. Se llamaban la Niña, la Pinta y la Santa María.

Cristóbal Colón no llegó a China o la India. El 12 de octubre de 1492, llegó a América.

13

El primer Día de la Raza se celebró en 1792. Se celebraba el **aniversario** de los 300 años desde el descubrimiento de América.

15

En 1937, el Día de la Raza se convirtió en un día festivo nacional. El presidente Franklin D. Roosevelt lo hizo oficial.

17

Se celebra el Día de la Raza
para recordar la llegada de
Cristóbal Colón a América.
Muchos **europeos** vinieron
a América después de Colón.

19

El Día de la Raza en la actualidad

El Día de la Raza se celebra

el segundo lunes de octubre.

¡En la ciudad de Nueva York

hay un gran desfile!

Más datos

- Cristobal Colón viajó cuatro veces a América.

- La Santa María naufragó en un arrecife de coral en la costa de lo que actualmente es Haití.

- La Niña y la Pinta eran apodos. Lo sabemos porque a los barcos, siguiendo la tradición española, siempre se les daba el nombre de un santo.

Glosario

aniversario – celebración de algo o alguien el mismo día todos los años.

europeos – gente de Europa. Los italianos, ingleses e irlandeses son europeos.

explorador – persona que explora regiones desconocidas.

ruta – trayecto o camino para viajar.

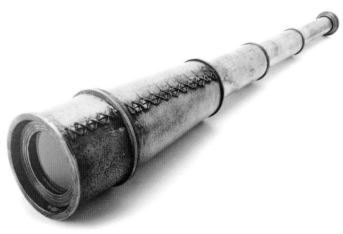

Índice

abdokids.com

¡Usa este código para entrar a abdokids.com y tener acceso a juegos, arte, videos y mucho más!

Código Abdo Kids:
NCK0434